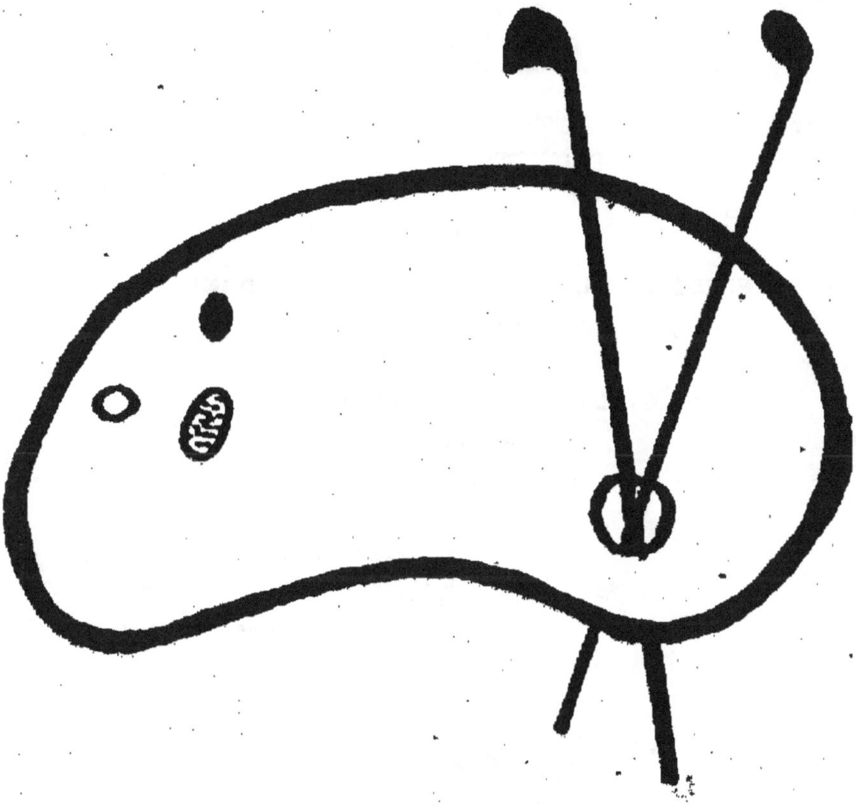

DEBUT D'UNE SERIE DE DOCUMENTS
EN COULEUR

LE CULTE DE MARIE EN BERRY.

RAPPORT PRÉSENTÉ AU CONGRÈS MARIAL DE ROME,
EN 1904,

Par M. l'Abbé G. BOSC,

DOYEN HONORAIRE,
CURÉ DE THAUMIERS.

BOURGES
IMPRIMERIE TARDY - PIGELET
15, RUE JOYEUSE, 15
1906

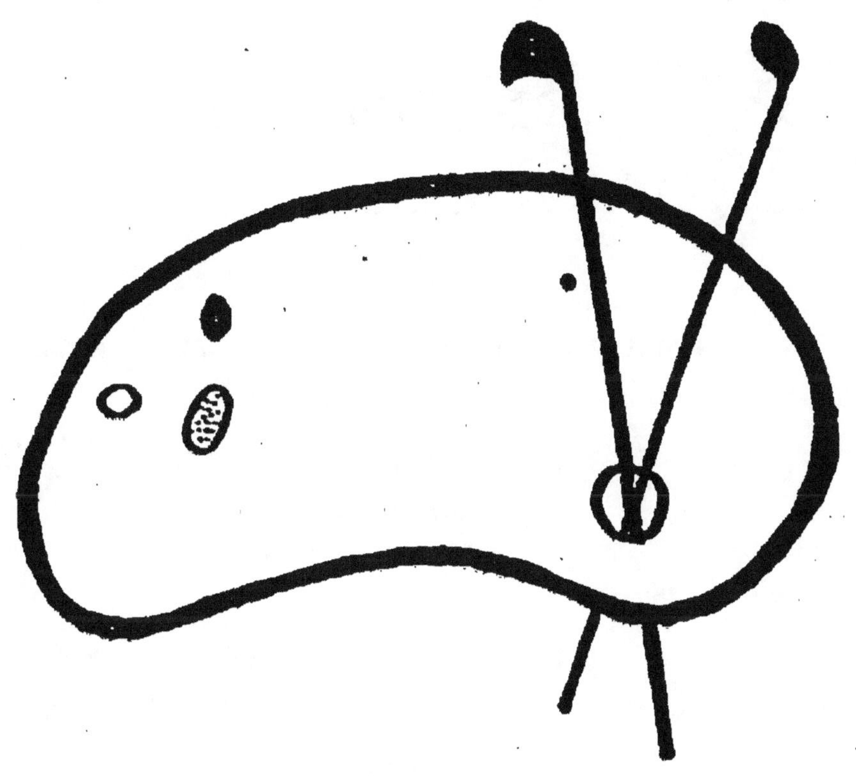

FIN D'UNE SERIE DE DOCUMENTS
EN COULEUR

LE
CULTE DE MARIE
EN BERRY.

~~~~~~~~

RAPPORT PRÉSENTÉ AU CONGRÈS MARIAL DE ROME,

EN 1904,

Par M. l'Abbé G. BOSC,

DOYEN HONORAIRE,

CURÉ DE THAUMIERS.

> *Pii Bituricenses, affines Mariæ...*
> *Les Fidèles du Berry sont de la famille de Marie.*
>
> (*Hymne à N.-D. de Maubranches.*)

BOURGES

IMPRIMERIE TARDY - PIGELET

15, RUE JOYEUSE, 15

--

1906
~~~~~~~~

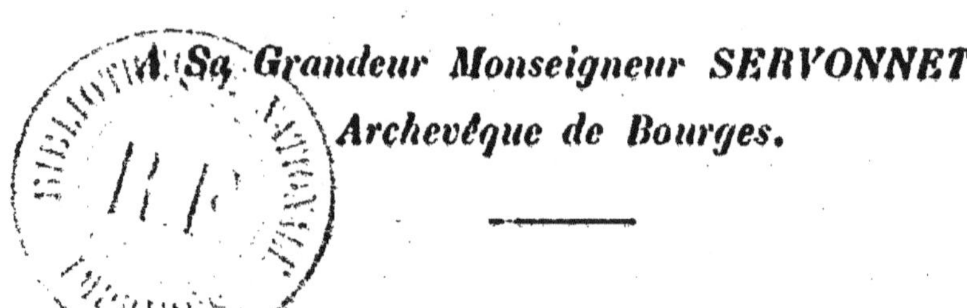

A Sa Grandeur Monseigneur SERVONNET,
Archevêque de Bourges.

MONSEIGNEUR,

En racontant l'extension admirable que le culte de Marie avait prise autrefois en Berry, les historiens font observer qu'elle fut due à la dévotion des familles riches et princières de la province, au zèle de ses congrégations religieuses et surtout à la piété de ses archevêques.

A voir les grandes œuvres que Votre Grandeur a, depuis neuf ans, accomplies en l'honneur de Marie dans cet archidiocèse de Bourges, tous sont heureux et fiers de constater que les traditions archiépiscopales du passé ne sont point interrompues; car que de solennités mariales auxquelles son nom restera attaché!

C'est la consécration de la basilique de Notre-Dame des Enfants, en avril 1898;

C'est le couronnement de Notre-Dame de Déols, au mois de mai de la même année;

C'est la bénédiction de la statue et du sanctuaire de la Bonne-Dame d'Argenton, le 25 juin 1899;

C'est l'érection de la statue et la restauration du culte de Notre-Dame de Lorette, dans l'église paroissiale de Sancoins, le 19 octobre 1902!

Or, Monseigneur, un travail consacré à célébrer cette divine Vierge, à retracer le tableau de son culte, à faire revivre le nom de ses sanctuaires et de ses pèlerinages, à redire comment Elle est devenue et restée la reine du Berry, ne saurait sans doute trouver mauvais accueil auprès de Votre Grandeur qui l'a glo-

rifiée, en consacrant ses basiliques et en couronnant ses statues...

Aussi bien, est-ce Votre Grandeur Elle-même, qui, après
avoir béni le dessein de ce petit travail, a désiré qu'il fut na-
guère présenté au congrès marial de Rome et décidé qu'il serait
livré à l'impression pour être lu et répandu.

Qu'Elle daigne donc en agréer l'hommage ! Il lui est dû.

Sanctionnées par son approbation et fécondées par sa bénédiction, ces humbles pages deviendront ainsi plus autorisées et
plus intéressantes ; et, en montrant à tous les enfants du Berry
que leur vieille province a été, dans le passé, et reste, dans le
présent, l'un des domaines privilégiés de Marie, elles les porte-
ront plus sûrement à la bénir, à l'aimer et à la servir avec un
zèle et un amour toujours croissants.

Daignez, Monseigneur, agréer,
les remerciements et les hommages de celui qui se dit,
de Votre Grandeur,
le très humble, très respectueux et très reconnaissant serviteur,

G. Bosc,
Doyen Honoraire,
Curé de Thaumiers.

A la lettre par laquelle nous faisions hommage de notre travail à Monseigneur l'Archevêque et Lui demandions de le bénir, Sa Grandeur a daigné nous faire une longue réponse, que nous plaçons avec joie à la tête de ces pages.

C'est la plus haute consécration qu'elles pouvaient recevoir. C'est la plus belle préface que nous puissions leur donner.

ARCHEVÊCHÉ

DE

BOURGES

Bourges, le 7 Octobre 1906.

CHER MONSIEUR LE DOYEN,

Vous avez fait œuvre excellente en soi et glorieuse pour le Berry, en recueillant pieusement les traces du culte de la Très-Sainte Vierge, depuis ses origines, dans ce pays, et en esquissant le tableau de son développement à travers les siècles.

La théologie catholique nous enseigne, en effet, qu'après la dévotion à Notre-Seigneur sous ses diverses formes, la dévotion à sa divine Mère est, de toutes, celle qu'il importe le plus d'entretenir, comme une flamme sacrée, au cœur des fidèles.

De même, nous croyons fermement qu'un pays s'honore dans la mesure où il s'associe au concert des générations qui proclament Marie bienheureuse.

Au Souverain-Pontife et aux Évêques de veiller à ce que ce culte se maintienne dans sa pureté originelle, à ce qu'il ne se laisse pas envahir par des éléments de provenance inférieure qui puissent faire douter de la clairvoyance de l'Eglise ou du désintéressement de ses ministres !

Au clergé et aux fidèles d'entourer d'un respect délicat l'autorité ecclésiastique chargée d'apprécier et d'authentiquer les fai' surnaturels : qu'ils se gardent des hommes sans mandat qui tentent de se substituer à cette autorité, de surprendre ses décisions ou de l'engager d'une façon téméraire et compromettante !

Nous voulons, pour notre part, que Marie soit honorée dans notre Diocèse, comme elle le fut de nos pères, qu'elle y soit de plus en plus honorée. Tout ce qui se fera dans ce sens aura notre assentiment le plus entier, provoquera notre gratitude la plus sincère. Mais nous voulons aussi que ces manifestations de la piété envers la Reine du Ciel restent dignes de Celle qui en est l'objet, c'est à dire pures de tout alliage suspect, de tout ce qui ne rendrait pas le son loyal de la vérité et de la probité.

Et c'est pourquoi Nous avons encouragé, et aujourd'hui Nous approuvons, Nous bénissons de tout cœur votre travail, qui témoigne des profondes racines et des superbes ramifications que le culte de la Très Sainte Vierge a jetées en cette bonne terre du Berry, mais qui a un autre mérite à nos yeux, celui d'être comme le catalogue, j'allais dire le *Canon* des formes authentiques que ce culte a revêtues au cours de l'histoire de l'Eglise de Bourges.

Recevez, cher Monsieur le Doyen, avec nos paternelles félicitations, l'assurance de notre affectueux dévouement en N. S.

✝ PIERRE, Arch. de Bourges.

Bourges, ce 7 octobre 1906, en la solennité du Saint-Rosaire.

A NOS CONFRÈRES ET A NOS LECTEURS

« *Il va se tenir à Rome, au mois de décembre prochain, un*
« *Congrès marial, à l'occasion du cinquantième anniversaire de*
« *la définition du dogme de l'Immaculée-Conception. La Com-*
« *mission du congrès demande qu'on envoie des travaux sur le*
« *culte de Marie... Voyons : est-ce que vous ne tenterez pas*
« *quelque essai en ce genre?...* » *C'est de cette parole, qui me*
fut adressée par un ami, au mois de mai 1904, que l'idée
d'écrire ces pages m'est venue.

En les écrivant, je n'ai pas eu, toutefois, la prétention de
faire œuvre d'historien. Recueillir çà et là les faits relatifs au
culte de Marie dans notre province et en tracer un tableau : tel
a été simplement mon dessein. Tel est aussi le seul sujet de ce
travail.

Il contient des documents nombreux et variés. Je n'en ai pas
indiqué toutes les sources. Je dirai seulement qu'ils provien-
nent des divers auteurs qui ont écrit sur le Berry, sur ses sanc-
tuaires et ses pèlerinages. Plus d'un passage, on le reconnaîtra
peut-être, a été tiré d'une étude sur « Le Culte de Marie en
« Berry », qui fut publiée, il y a quelques années, dans la* Semaine
Religieuse *du diocèse. J'espère que personne ne m'adressera le*
reproche de les avoir reproduits ici. Jadis, j'ai quelque peu col-
laboré à la rédaction de cette étude. En lui faisant des
emprunts, je n'ai donc pas pillé le trésor d'autrui ; je n'ai
repris que mon bien.

Dans ces pages, on trouvera aussi, sans doute, plus d'une lacune.
Je suis le premier à le reconnaître et à le déplorer. Qu'on veuille
bien me le pardonner ! Toutefois, je crois n'avoir oublié aucun
des sanctuaires ou des pèlerinages importants. En tout cas, s'il

plaît à Dieu, je tâcherai de reprendre un jour ce travail et de le compléter.

J'ai dû, pour me renseigner, m'adresser à plusieurs de mes vénérés confrères. De tous ou à peu près, j'ai reçu gracieusement les documents dont j'avais besoin. S'ils me font l'honneur de parcourir ce rapport, ils verront que j'en ai usé largement. Déjà, je les ai remerciés de leur collaboration amicale. De nouveau, je les en remercie ici.

Ils m'ont aidé à élever ce petit monument à la Reine du Berry. Qu'elle daigne, en retour, cette divine et miséricordieuse Mère, nous bénir tous : eux, qui m'ont mis la plume à la main, et moi, qui l'ai tenue ; eux, qui m'ont dit les merveilles de son culte, et moi, qui les ai transcrites ; eux et moi, enfin, qui n'avons cherché qu'à la glorifier.

G. BOSC.

SOMMAIRE DU RAPPORT

INTRODUCTION

Le Berry, terre privilégiée de Marie et Marie, patronne préférée du Berry. Certitude de ce fait. Preuves à l'appui : double tableau du culte de Marie en Berry.

1° Avant le xixᵉ siècle ;
2° Durant le xixᵉ siècle.

PREMIER TABLEAU.

CULTE DE MARIE EN BERRY AVANT LE XIXᵉ SIÈCLE.

Établissement de ce culte par saint Ursin. Sa propagation. Triple classe d'ouvriers qui y travaillent. Que cette propagation fut admirable. On peut en juger par le nombre des sanctuaires et des pèlerinages de Marie.

Enumération de ces sanctuaires et de ces pèlerinages :

1° Dans le Bas-Berry ;
2° Dans le Haut-Berry ;
3° Dans la Capitale du Berry.

SECOND TABLEAU.

CULTE DE MARIE EN BERRY DURANT LE XIXᵉ SIÈCLE.

Ravages opérés par la Révolution dans le culte de Marie. Quand et comment il a reparu. Ses restaurateurs dans le diocèse. Sans être aussi florissant qu'avant, il ne laisse pas d'être prospère et plein de vie. Son état, à la fin du dix-neuvième siècle, dans les divers archiprêtrés :

1° Dans l'archiprêtré de Bourges ;
2° — — de Sancerre ;
3° — — de Saint-Amand ;
4° — — d'Issoudun ;
5° — — de La Châtre ;
6° — — du Blanc ;
7° — — de Châteauroux.

CONCLUSION.

LE CULTE DE MARIE

EN BERRY

En commençant son étude sur le diocèse de Bourges, l'auteur de l'histoire générale du culte de Marie en France, M. Hamon, écrivait : « Ce diocèse, dont le territoire formait autrefois l'an- « cienne province du Berry et forme aujourd'hui les départe- « ments du Cher et de l'Indre, offre au regard de celui qui « étudie ses antiquités un bel et touchant spectacle : c'est le « spectacle du culte de Marie, naissant sur son sol avec le « christianisme, y grandissant d'âge en âge et s'y continuant « jusqu'à nos jours... »

« Le Berry », écrivait à son tour un vénérable chanoine de la Métropole, M. l'abbé Menu, au début d'une petite étude sur le culte de Marie parmi nous, « le Berry peut être appelé par « excellence la terre de la Très Sainte Vierge, car il a toujours « été pour elle une terre de prédilection. Il est peu de pays en « France où elle ait été plus honorée. Né sur notre sol avec le « christianisme, son culte y a fleuri de siècle en siècle jusqu'à « notre temps... »

Etre la terre privilégiée de Marie ; avoir toujours servi et aimé Marie : certes, cet honneur et cette faveur ne sont pas particuliers au Berry. Toutes les provinces de la vieille France peuvent se les attribuer et elles s'en font une gloire. Est-ce à tort ou à raison ? Je n'ai pas à le dire. En tout cas, si jamais l'on peut faire à quelqu'une d'entre elles le reproche de se donner injustement le titre de terre ou de domaine de Marie, ce n'est pas à la nôtre qu'on doit l'adresser; car, son histoire entière l'atteste, le culte de Marie y fut toujours florissant.

Cette floraison constante et admirable ressortira, avec une lumineuse évidence, des deux tableaux qui vont suivre :

1° *Tableau du culte de Marie en Berry avant le XIXe siècle.*

2° *Tableau du culte de Marie en Berry durant le XIXe siècle.*

I

CULTE DE MARIE EN BERRY AVANT LE XIXᵉ SIÈCLE.

Si nous en croyons nos vieilles annales et nos religieuses traditions, l'établissement du culte de Marie en Berry remonterait aux premiers temps de l'ère chrétienne ; car elles nous apprennent que saint Ursin, en venant prêcher l'Evangile à Bourges, apporta avec lui plusieurs reliques insignes et, entre autres, une image de la Sainte Vierge ; que cette image, il la déposa dans un lieu solitaire, situé près des portes de la ville et nommé « Sales » ou « les Salles », et que, plus tard, à cet endroit même, il éleva un petit oratoire où les premiers fidèles venaient se réunir et prier l'auguste Mère de Dieu.

Quoi qu'il en soit de ces traditions primitives, un fait certain, c'est que, une fois introduit en Berry, le culte de Marie trouva de multiples et zélés ouvriers pour le faire fleurir et pour le propager. Parmi ces ouvriers, l'histoire cite, en première ligne, les grands et glorieux prélats qui illustrèrent le siège patriarcal de Bourges et qui s'appelèrent Austrégésile et Sulpice, Henri de Sully et Jean Cœur, André Frémiot et Roland Hébert, Pierre d'Hardivilliers, Lévis de Ventadour et Jérôme de la Rochefoucauld ; — puis, au deuxième rang, les riches et puissants personnages qui se nommèrent les seigneurs de Sully et de Sancerre, de Lignières et de Graçay, de Vierzon et de Mehun, de Buzançais et de Culan ; les princes de Déols, les barons de Châteauroux, les sires de Naillac et les ducs de la Châtre ; — et, en troisième lieu, ces religieux et ces prêtres, membres des chapitres ou habitants des abbayes et prieurés de Lauroy et de la Maison-Dieu, d'Aubignac et de Chalivoy, de Landais et d'Olivet, de la Prée et de Barzelle, de Font-Morigny et de Varennes, de Bussières et de Beauvais, de Lonrey, de Méobecq et de Font-Gombault.

Et, de fait, c'est grâce à ces ouvriers choisis ; grâce à leur piété, à leur zèle et à leur générosité que nos villes et nos campagnes se couvrirent des nombreux oratoires, sanctuaires, chapelles, églises et lieux de pèlerinage dont les historiens nous ont conservé le souvenir. Nombreux, ai-je écrit, et ce n'est pas exagéré ; car, à la fin du dix-huitième siècle, on pouvait en relever plus de cent, presque tous encore existants et répandus par toute la province, comme nous pourrons nous en convaincre facilement par un triple regard jeté — 1° à travers le Bas-Berry ; — 2° sur le Haut-Berry ; et — 3° dans la capitale même du Berry.

1° Culte de Marie dans le Bas-Berry.

Des quatre archidiaconés que comprend aujourd'hui cette partie de notre ancienne province, la moins riche en pèlerinages et en sanctuaires marials semble avoir été celui d'Issoudun.

On n'y voyait que quatre paroisses qui fussent consacrées à Marie : Lizeray, Meunet. La Champenoise et Thizay. Une seule possédait un pèlerinage assez fréquenté : c'était Baumiers, où l'on vénérait une de ses statues, dite « la sainte Image » : image, statue dressée au milieu des bois sur un tertre dominant une fontaine et apportée là, disait-on, miraculeusement. A Issoudun, une église et une chapelle Lui étaient dédiées. La première, appelée Notre-Dame, avait été construite sur les ruines d'un temple consacré à Isis et elle formait une grande et belle basilique placée au centre d'un monastère qui portait lui-même le nom de Sainte-Marie. La seconde, de fondation récente, se trouvait dans le couvent des Ursulines et sous le vocable de Notre-Dame du Grand-Pouvoir.

Mais si l'archidiaconé d'Issoudun ne comptait qu'un petit nombre de lieux où cette divine Vierge recevait un culte, par contre, celui de Châteauroux s'en montrait couvert.

Dix paroisses, au moins, l'avaient pour patronne ou titulaire : Écueillé, Préaux, Villegoin, Lye, Fontguenand, Le Tranger, Le Peschereau, Le Menoux, Luçay-le-Mâle, La Chapelle-Ortemale, Faverolles, Fléré-la-Rivière, auxquelles il faut ajouter à Châteauroux l'église du Chapitre Saint-Martin et Notre-Dame qui formait paroisse pour l'enceinte de l'ancien château. Dans toutes ces églises on l'honorait, on la fêtait, mais simplement sous la dénomination générale de « Bienheureuse Vierge Marie »... Chez d'autres, au contraire, on l'invoquait sous des titres particuliers. Ainsi, à Palluau, elle portait le nom expressif et très rare de « Sur-Sainte», c'est-à-dire la plus sainte de tous les saints. A Clion, on l'appelait « Notre-Dame de Manson », ou protectrice des jeunes mères et des jeunes enfants. A Buzançais, on la nommait « Notre-Dame du Verger », nom de la paroisse sur laquelle elle se trouvait et qui était le siège d'une confrérie de prêtres, érigée en 1638, dans le but d'honorer son Immaculée-Conception.

Outre ces églises paroissiales, le pays de Châteauroux comprenait encore plus de dix chapelles ou sanctuaires baptisés du titre de Notre-Dame : Notre-Dame des Bancs ou des Vignes, à Argenton ; Notre-Dame de Tous les Saints, à l'abbaye d'Estrées, près de Saint-Genou ; Notre-Dame de Toiselay, aux portes de Châtillon ; Notre-Dame des Bois, à Diors ; Notre-Dame des Sept-Douleurs, à la Gauterie, près de Valençay ; Notre-Dame de Pont-Chrétien, à Saint-Marcel ; Notre-Dame de Beauvais, près de Buzançais ; puis, dans la ville même de Châteauroux ou dans ses environs, Notre-Dame du Grand-Pouvoir, au couvent des Ursulines ; Notre-Dame du Chêne, au milieu de la forêt, et, enfin, la plus célèbre de toutes, Notre-Dame de Déols ou des Miracles, au Bourg-Dieu.

Dans l'archidiaconé du Blanc, en dehors des deux monastères de Lonrey et de Méobecq et des deux paroisses d'Ingrandes et de Lurais auxquels elle avait été donnée pour patronne, Marie possédait quatre beaux sanctuaires qui étaient en même temps des lieux de pèlerinage.

A Luzeret, où se trouvait le premier, on la vénérait sous le titre de « Notre-Dame de Loue-Dieu » : titre qui lui avait été décerné par le peuple, en raison des louanges que ne cessaient de lui adresser, jour et nuit, les religieux trappistes qui desservaient son sanctuaire.

C'est près de Bélâbre qu'on rencontrait le deuxième. Marie y portait le nom de « Notre-Dame de Jauvart » : nom dans lequel on peut voir un vestige des deux mots latins *Jovis altare*, autel de Jupiter, et qui lui serait venu de ce que son sanctuaire aurait été construit sur les ruines d'un temple païen consacré à ce prétendu maître des faux dieux.

Le troisième se voyait à Rosnay. C'était « Notre-Dame du Bou-« chet ou de la Mer-Rouge ». Double dénomination, dont l'une lui venait du seigneur même qui avait découvert sa statue dans le creux d'un chêne, le seigneur du Bouchet ; et l'autre, de l'étang au milieu duquel il l'avait trouvée, l'étang de la Mer-Rouge.

Le quatrième était établi à Fontgombault, dans la célèbre abbaye fondée par le moine Gombault et restaurée par Pierre de l'Etoile. Marie y était honorée sous un double titre : dans la crypte abbatiale, sous celui de « Notre-Dame des Grottes » ; puis, dans l'église supérieure, sous celui de « Notre-Dame du Bien-Mourir ».

Non moins que celle du Blanc, la région ecclésiastique de la Châtre se faisait remarquer par sa dévotion envers Marie. Une paroisse de la ville même de la Châtre lui était consacrée. Deux autres des environs l'avaient pour patronne : La Berthenoux et Pouligny. Une dernière l'honorait sous le titre de Notre-Dame de Lorette. Enfin, plusieurs pèlerinages attiraient à ses pieds des foules de fidèles, entre autres, Gargilesse, Cluis, Aigurandes et Briantes.

Le pèlerinage de Gargilesse devait son origine à un seigneur de Naillac, Hugues II, qui avait élevé là une gracieuse église en l'honneur de Marie pour protéger demeures, biens et habitants de sa terre des Pins : d'où le nom de « Notre-Dame des Pins » qu'elle portait.

A Cluis, on la vénérait sous le titre de « Notre-Dame de la Sainte-Trinité ». C'était, sans doute, pour rappeler aux fidèles qu'elle est la fille de Dieu le Père, la mère de Dieu le Fils, l'épouse de Dieu le Saint-Esprit ; mais la vraie raison de ce nom venait de ce que la solennité de son pèlerinage avait lieu le dimanche de la Sainte-Trinité.

La Vierge honorée à Aigurandes s'appelait « Notre-Dame de

« la Bouzanne » ou Notre-Dame de Pitié. De la Bouzanne, parce que son sanctuaire se trouvait près de la fontaine où la Bouzanne prend sa source ; de Pitié, parce que son pèlerinage avait été spécialement établi pour honorer ses douleurs au pied de la Croix.

Briantes, en dernier lieu, possédait le sanctuaire et le pèlerinage de « Notre-Dame de Vaudouan » : sanctuaire et pèlerinage fondés à la suite de la découverte miraculeuse d'une statue de Marie, flottant sur les eaux, dans une petite vallée surnommée la vallée de Diane ou des Druides.

2° Culte de Marie dans le Haut-Berry

Cette partie de notre ancienne province était loin de posséder autant de sanctuaires et de pèlerinages que celle que nous venons de parcourir.

Dans l'archidiaconé de Sancerre, cinq paroisses seulement, sur plus de quatre-vingts qu'il comprenait, étaient consacrées à Marie : Léré et Garigny, Achères, La Chapelotte et Le Noyer. Dans les deux premières, on ne la vénérait sous aucun titre particulier, tandis qu'Achères et La Chapelotte honoraient spécialement, l'une, son Immaculée-Conception, et l'autre, sa glorieuse Assomption.

Au Noyer, petit bourg qui dépendait autrefois de l'ancienne paroisse de Boucard, Marie possédait un sanctuaire renommé dans lequel on l'invoquait sous le nom de « Notre-Dame du « Noyer ». Nom et sanctuaire dont l'origine provenait de ce qu'un pauvre bûcheron des environs, travaillant un jour à abattre de vieux chênes en cet endroit, avait trouvé dans le flanc de l'un d'eux une statue de Marie, rayonnante de beauté et éclatante de blancheur, laquelle, par des signes non équivoques, avait, à plusieurs reprises, manifesté sa volonté, non seulement de n'être point emportée de ce lieu, mais d'y recevoir un culte et d'y posséder une chapelle.

Tout près du Noyer, Marie était honorée dans deux églises sous le titre de Notre-Dame de Lorette. L'une n'était autre que l'église paroissiale d'Yvoy-le-Pré; et la seconde, chapelle d'ermitage plutôt qu'église, se trouvait au milieu de la forêt de Boucard.

A Sancerre, enfin, une paroisse, située en dehors des murs de la ville, lui était consacrée: d'où le nom de « Notre-Dame « Sancerre », donné à son église et à sa statue. Mais, église, sanctuaire et statue ayant été détruits par les protestants, le siège de la paroisse fut transféré dans la Chapelle Saint-Jean, qui, depuis, porta le titre de « Notre-Dame-Saint Jean » et la communauté qui la desservait, sous la direction d'un prieur, s'appela la communauté des vicaires de Notre-Dame.

Le nombre des paroisses consacrées à Marie, dans l'archidiaconé de Saint-Amand, était un peu plus considérable que dans celui de Sancerre. Il en comprenait une dizaine: Apremont, Grossouvre, La Guerche, Germigny, Charly, Coust, Rezay, La Celle-Bruère et Lignières. Dans cette dernière paroisse, il n'y avait pas moins de trois églises mariales: l'église collégiale bâtie par les seigneurs de Lignières; l'église de Notre-Dame de Liesse; l'église de Notre-Dame de Pitié. Parmi les autres, on voit qu'à Germigny les fidèles honoraient Notre-Dame de Lorette; à Grossouvre, Notre-Dame du Mont-Carmel et que l'église d'Apremont était spécialement dédiée à l'Assomption.

En plus de ces églises paroissiales, on rencontrait dans la région plusieurs sanctuaires renommés: Notre-Dame de Grâce, à l'abbaye des religieuses de Charenton; Notre-Dame de Pitié, dans la forêt voisine de Chezal-Benoît; Notre-Dame de Château-Meillant, sur la route de Dun-le-Roy, dans une solitude profonde, au milieu des bois; Notre-Dame de Puy-Ferrand, près du Châtelet, église abbatiale où se trouvait un autel dédié à Notre-Dame de Lorette; et, enfin, Notre-Dame d'Orsan, fondée par le bienheureux Robert d'Arbriselles, au commencement du douzième siècle, sur la paroisse de Maisonnais.

Quand, dans tous ses alentours, le culte de Marie était aussi florissant, il était impossible qu'il ne fleurît pas à Saint-Amand même. Deux monuments restent qui en sont une preuve. L'un, c'est l'ancienne église des Carmes, qui subsiste encore;

car, partout où l'on rencontrait quelque couvent de ces religieux, se trouvaient des autels et des confréries en l'honneur de la sainte Vierge. L'autre est une petite chapelle, située à un kilomètre de la ville, sur la route de Meillant. Elle existait déjà au dix-septième siècle et on y honorait Notre-Dame de Pitié.

Au milieu de la région formée par l'archidiaconé de Bourges, on voyait dix paroisses, tant de villes que de campagnes, qui étaient consacrées à la Bienheureuse Vierge Marie : Chassy, Farges-en-Septaine, Graçay, Lazenay, Le Subdray, Mareuil, Mehun, Neuvy-sur-Barangeon, Vierzon et Villequiers. Aucune d'entre elles ne semble avoir été lieu de pèlerinage, à l'exception peut-être de Graçay. L'église de cette paroisse était spécialement dédiée à l'Assomption ; mais, dans les environs de la ville, on vénérait une vierge célèbre, surnommée « Notre-Dame d'Avexi », au sanctuaire de laquelle on voyait affluer les pèlerins.

Toutefois, le plus célèbre pèlerinage de cette contrée était celui de Maubranches, tout proche de Bourges. On y honorait Marie sous le titre de « Notre-Dame de Liesse ou de Consolation… » Etabli, d'abord, à la suite d'un vœu et pour la dévotion particulière d'une pieuse châtelaine, le sanctuaire de Liesse ou de Consolation ne tarda pas à être fréquenté. Les archevêques de Bourges aimaient à le visiter. Entraînés par leur exemple, les pieux fidèles y accouraient, surtout aux jours de fête de Marie. La ville de Bourges elle-même s'y transporta plus d'une fois en procession ; et il n'était pas de paroisse, à dix lieues à la ronde, qui ne tînt, chaque année, à faire le pèlerinage de Maubranches.

3° Culte de Marie dans la Capitale du Berry.

Là, plus encore que dans les autres villes du Haut et du Bas-Berry, on rencontrait pour ainsi dire partout le nom, l'image et le souvenir de Marie. L'on peut s'en convaincre en parcourant, d'abord, la Cathédrale.

Quoiqu'elle n'ait point été consacrée à cette divine Vierge, mais au premier des martyrs, saint Etienne, on n'y comptait pas moins de neuf chapelles qui lui avaient été dédiées ou dans les-

quelles elle était honorée et représentée. Il y avait la chapelle
du fond de l'abside ou du chevet, appelée proprement chapelle
de la Vierge et ornée d'une antique verrière qui retraçait diverses scènes de sa vie et de son Assomption ; — puis, à droite, la
chapelle de Sully, ainsi nommée parce qu'elle avait été décorée
par Eudes de Sully et pourvue par lui de trois vicariats en
l'honneur de Notre-Dame ; — la chapelle des Tullier, dans les
verrières de laquelle on voyait les membres de cette pieuse
famille à genoux devant la Mère de Dieu, à qui ils se font
présenter par leurs saints patrons ; — la chapelle du Carmel, dont
le vitrail représentait l'Immaculée-Conception, entourée en haut
de petits anges qui chantent ses louanges et en bas des apôtres
qui lui offrent leurs hommages ; — ensuite, à gauche, la chapelle
des Trousseau, où l'on pouvait contempler toute cette famille
à genoux et en prière devant l'image de Marie ; — la chapelle
de saint Ursin ou de Jacques Cœur, ornée d'un vitrail retraçant
le mystère de l'Annonciation ; — la chapelle de saint Jean où
sont reproduites les grandes scènes de Marie mettant au monde
l'Enfant-Jésus, l'offrant aux adorations des Mages et l'emportant
en Egypte ; — la chapelle des Fradet, où on la voyait recevant
le Saint-Esprit, au milieu des douze apôtres ; — et la chapelle
des Montigny, primitivement des Saints-Anges et actuellement
des Fonts-baptismaux, qui contenait une magnifique verrière
dont le sujet n'était autre que la double scène de l'Assomption de
Marie : la scène de la terre ou sa sortie du tombeau ; la scène
du ciel ou son entrée dans la gloire.

Si, maintenant, de la Cathédrale, on passait dans la ville, on
y rencontrait cinq églises ou sanctuaires portant le nom de
Notre-Dame. — C'était « Notre-Dame de Salles », la plus
ancienne de toutes, située près des portes de la ville, fondée,
avons-nous dit, par saint Ursin et devenue, tour à tour, église
d'abbaye, paroisse et chapelle de grand séminaire ; — « Notre-
« Dame de la Nef », à l'extrémité sud de la cité, dans un petit îlot
entre les deux rivières de l'Yèvre et de l'Auron et appelée de ce
nom parce que, pour s'y rendre, il fallait monter sur une barque ;
— « Notre-Dame de Montermoyen », qui devait son origine à

sainte Eustadiole et son titre à ce qu'elle se trouvait placée entre deux autres églises, Notre-Dame de Sales et Saint-Jean-le-Vieux ; — « Notre-Dame du Fourchaud », établie non loin de la Cathédrale, sur l'emplacement d'un four devenu à juste titre célèbre, parce qu'il rappelait comment Marie avait miraculeusement préservé des flammes un pauvre enfant juif que son père avait jeté dedans pour le punir d'avoir fait la sainte communion ; — « Notre-Dame de la Comtal », du nom de la rue où elle se trouvait, qui servait, d'abord, de chapelle au prieuré de Saint-Michel et au collège que François Ier y avait fondé et qui devint, ensuite, la chapelle du collège Sainte-Marie, au temps où les Jésuites le dirigeaient.

A tous ces sanctuaires, on peut ajouter, à bon droit, la Sainte-Chapelle de Bourges, œuvre de Jean, premier duc de Berry, car elle avait été bâtie autant en l'honneur du Sauveur que de sa sainte Mère et renfermait un autel surmonté d'une statue de marbre blanc qu'on nommait « Notre-Dame la Blanche... ! »

Si, enfin, l'on pénétrait dans les nombreux couvents qui s'élevaient aux quatre coins de la ville, que de chapelles au nom et à la gloire de Marie n'y rencontrait-on pas ? Chapelle de Notre-Dame de Lorette, chez les Cordeliers ; chapelle de Notre-Dame du Rosaire, chez les Jacobins ; chapelle de Notre-Dame du Carmel, chez les Carmes et les Carmélites ; et chez les Annonciades, fondées par sainte Jeanne de Valois, l'église conventuelle, qui n'était pour ainsi dire qu'une chapelle consacrée aux dix vertus ou plaisirs de Marie... Liste vraiment interminable, si nous voulions y ajouter toutes les autres chapelles, grandes et petites, qui se trouvaient dans les séminaires, les écoles et chacune des seize églises paroissiales de la ville.

II

CULTE DE MARIE EN BERRY DURANT LE XIXᵉ SIÈCLE.

La plupart des églises, chapelles, sanctuaires et oratoires que nous venons d'énumérer, ne sont plus, hélas ! debout. A quelle cause est due leur disparition ? A la fureur impie et dévastatrice de la Révolution. Déjà, au seizième siècle, les protestants, ennemis jurés de Marie et de son culte, en avaient réduit en cendres ou jeté à terre quelques-uns des plus riches et des plus célèbres ; mais c'est bien la Terreur qui acheva leur œuvre de destruction, en renversant presque tous ceux qui, soit à Bourges, soit dans la province, avaient heureusement échappé à leurs coups.

Cependant, le culte de Marie avait jeté dans le sol de notre vieux Berry des racines trop profondes et surtout trop vivaces, pour n'y plus jamais repousser et refleurir. Aussi, dès le retour de la paix et le rétablissement officiel de la religion, on le voit reparaître. Comme aux siècles précédents, tous, prêtres, religieux, fidèles, travaillent à l'envi à cette résurrection ; mais les ouvriers principaux furent encore les archevêques. Héritiers du zèle et de la piété de leurs prédécesseurs pour la Très Sainte Vierge, ils consacrèrent leur temps et leurs ressources à relever ses sanctuaires, à restaurer ses pèlerinages, à couronner ses statues, à lui dédier des autels et des chapelles, à fonder des confréries et à encourager des dévotions nouvelles pour la glorifier. Sans parler du présent qui est encore sous nos yeux, citons, parmi ces restaurateurs insignes, Monseigneur de Mercy, qui ressuscita le culte public de Marie à Bourges ; le cardinal Dupont, qui travailla à l'accroître partout ; et Monseigneur de La Tour d'Auvergne qui, à lui seul, durant les dix-huit années de son archiépiscopat, fit plus de couronnements, fonda plus d'archiconfréries, releva plus de sanctuaires et ressuscita plus de pèlerinages que tous ses prédécesseurs ensemble.

Certes, malgré ces restaurations et ces accroissements vraiment admirables, il s'en faut que la Très Sainte Vierge compte aujourd'hui parmi nous autant de lieux consacrés à l'honorer et à la prier que dans le passé. Son culte, néanmoins, ne laisse pas d'y être vivant et même d'y progresser toujours. Jugeons-en, d'après l'état où il en était, au commencement de 1900, dans les sept archiprêtrés du diocèse.

I. — Archiprêtré de Bourges.

La ville de Bourges, autrefois si riche en églises et en sanctuaires consacrés à Marie, ne possède plus qu'une seule paroisse qui lui soit dédiée : c'est l'ancienne paroisse de Saint-Pierre-le-Marché, devenue l'église Notre-Dame. Cette dédicace date de 1804 et elle fut faite par Mgr de Mercy, à la demande des paroissiens. La Très Sainte Vierge n'y est honorée sous aucun titre particulier. Elle a pour solennité principale l'Assomption.

Dans les deux autres paroisses, des confréries ont été instituées en son honneur. A Saint-Pierre-le-Guillard, c'est la confrérie de Notre-Dame Auxiliatrice, fondée en 1864 ; à Saint-Bonnet, la confrérie de Notre-Dame de la Salette. Elle y fut établie en 1854 ; et, tous les ans, elle donne lieu à une neuvaine de prières.

A la Cathédrale, le nombre des chapelles mariales que nous avons mentionnées, non seulement n'a pas diminué, mais il s'est augmenté. Dans la chapelle absidiale de gauche, dite de la Conception, ont été placés un autel et une statue de la Vierge de Lourdes. Elle est, par suite, devenue la chapelle de Notre-Dame de Lourdes. C'est là que, chaque année, on célèbre la fête des Apparitions ; là, qu'on fait les prières du mois du Rosaire ; là, que se disent les messes de départ et de retour des pèlerins de Lourdes.

La chapelle du Chevet ou de la Vierge, contenait, au commencement du siècle précédent, une niche au fond de laquelle se voyait une statue en plâtre fort peu artistique. Elles ont disparu en 1844 et ont été remplacées, l'une, par un piédestal en pierre, l'autre, par une statue en marbre blanc de Marie, tenant l'Enfant-Jésus sur ses genoux. Cette statue n'est autre que celle qui décorait autrefois l'autel marial de la Sainte-Chapelle de Bourges; et c'est le cardinal Dupont qui la fit restaurer et lui assigna dans la cathédrale cette place d'honneur.

Nombreuses restent à travers la ville les chapelles de communauté où l'on retrouve des images et des statues de Marie. Deux cependant lui sont spécialement dédiées: celle du Grand Séminaire, à la voûte de laquelle se voit une gracieuse peinture de l'Assomption, et celle des religieuses de Marie-Immaculée, qui est comme un hymne de pierre à son Immaculée-Conception.

En dehors de la ville et dans tout l'archiprêtré, Marie est demeurée la patronne de onze paroisses. Neuf, parmi elles, lui sont dédiées sous le titre de « Bienheureuse Vierge Marie »: ce sont Chassy, Farges-en-Septaine, Lazenay, Mareuil, Le Subdray, Neuvy-sur-Barangeon, Mehun, Villequiers et Vierzon. Soye-en-Septaine l'honore sous le nom de Notre-Dame du Sacré-Cœur et Graçay est consacré à son Assomption. De plus, aux Aix-d'Angillon, existe un pèlerinage en l'honneur de Notre-Dame de Pitié. Il est l'accomplissement d'un vœu fait en 1636 par les habitants de la ville pour remercier Marie de les avoir préservés de la peste. Tombé en désuétude après la Révolution, ce pèlerinage fut restauré en 1874 avec l'antique procession autour des remparts. Un second se trouve à Neuvy-sur-Barangeon. On vient y prier Notre-Dame de la Salette. Bien qu'il ne date que de 1887, ce pèlerinage est devenu célèbre dans toute la région. On y accourt en foule et de nombreux *ex-voto* attestent la multitude des grâces obtenues. Un dernier pèlerinage se voit à Graçay. Il n'a été rétabli que récemment, en 1899, par une fête et une procession solennelles.

L'archiprêtré de Bourges, enfin, a été témoin de plusieurs restaurations qui méritent d'être citées: celle de l'église paroissiale de Graçay; celle de l'antique sanctuaire de Notre-Dame de Liesse, à Maubranches, et celle de l'église Notre-Dame de Bourges.

II. — Archiprêtré de Sancerre.

Dans cet archiprêtré, nous retrouvons aujourd'hui à peu près les mêmes églises que Marie y possédait autrefois, mais transformées et enrichies.

C'est l'église d'Achères, toujours consacrée à son Immaculée-Conception et dont la vieille statue a été, ces temps derniers, restaurée.

C'est l'église de La Chapelotte, dédiée comme par le passé à son Assomption et qui a été refaite entièrement.

Ce sont les églises de Garigny, de Santranges et de Léré qui ont conservé glorieusement le patronage sous lequel elles avaient été primitivement placées.

C'est l'église archipresbytérale de Sancerre qui a couronné sa magnifique restauration par la consécration d'une chapelle mariale et l'érection d'une statue de Notre-Dame des Victoires: consécration et érection qui furent faites en 1894, par Mgr Bardel, auxiliaire du cardinal Boyer.

A ces diverses églises, il est juste de joindre celle d'Henrichemont, qui, à la suite d'un des plus beaux faits de Lourdes, a élevé un autel et une statue à la gloire de la Vierge qui l'a accompli ; puis, celle d'Yvoy-le-Pré qui, à l'occasion des importantes réparations dont elle a été l'objet, a vu réédifier sa chapelle et son autel de Notre-Dame de Lorette. A toutes ces restaurations, ajoutons encore la restauration de la confrérie de Notre-Dame du Noyer et surtout celle de son antique pèlerinage qui eut lieu, le 17 mai 1896, au milieu d'un grand concours de peuple. Depuis, la fête en est célébrée, chaque année, le dernier dimanche de mai, avec un éclat toujours croissant.

III. — Archiprêtré de Saint-Amand.

A travers cette région ecclésiastique, on retrouve presque toutes les paroisses qui jadis avaient Marie pour patronne : Apremont, Germigny, Coust, Rezay, puis ces trois dernières dont les églises ont été rebâties ou restaurées : Charly, La

Guerche et Lignières ; mais les anciens sanctuaires et pèlerinages ont à peu près tous disparu. On ne voit plus que la paroisse du Chautay qui ait une fête et un pèlerinage fréquenté en l'honneur de Notre-Dame de la Salette. Encore est-il tout récent et paroissial.

Saint-Amand est aussi du nombre des villes qui ont conservé les pieuses traditions du passé. Sur le territoire de la grande paroisse se dresse toujours l'ancienne petite chapelle de Notre-Dame de Pitié où les âmes pieuses aiment encore à aller prier et où, chaque année, au lendemain de leur première communion, les enfants sont conduits en pèlerinage pour s'y consacrer à Marie. Dans l'église archipresbytérale, on ne compte pas moins de trois chapelles dédiées à cette divine Vierge : l'une, à Notre-Dame de Pitié ; l'autre, à Notre-Dame de Lourdes ; la dernière, à Notre-Dame du Rosaire, en l'honneur de laquelle fut établie, il y a quelques années, à la suite d'une mission, une confrérie devenue florissante. Dans l'église de la seconde paroisse, Saint-Roch, il existe et une chapelle et une confrérie de Notre-Dame de la Salette.

Après Saint-Amand, il faut nommer Sancoins, où, en l'année 1900, a été restauré le culte de Notre-Dame de Lorette. Cette restauration s'est produite à la suite de la découverte aux archives de la ville d'un vieux parchemin, relatant que Sancoins, délivré autrefois de la peste, avait fait vœu d'aller, tous les ans, en pèlerinage au sanctuaire voisin de la Vierge de Lorette pour la remercier de cette délivrance.

Mais la plus belle œuvre que nous ayons à signaler dans cet archiprêtré, celle qui en est et en restera la gloire, c'est l'œuvre de Notre-Dame des Enfants, à Châteauneuf. Conçue par un saint prêtre, M. l'abbé Ducros, dans le but de reconstruire son église paroissiale ; approuvée et bénie de la façon la plus extraordinaire par Pie IX, au milieu d'une audience publique ; encouragée par les conseils de Mgr de La Tour d'Auvergne et soutenue par de généreuses offrandes venues de tous les points du monde, cette œuvre a tellement grandi et prospéré qu'elle-même a donné naissance à trois œuvres non moins admirables : une basilique à trois nefs, bâtie sur le modèle de la Cathédrale de Bourges, vrai bijou d'architecture ; une archiconfrérie érigée par un *motu proprio* de Pie IX et comptant des milliers d'adhérents répandus dans l'univers entier ; un pèlerinage qui se célèbre, chaque année, le dimanche en l'octave de l'Assomption et qui, grâce à sa solennité et à l'affluence des pèlerins, est devenu, sinon l'un des plus célèbres, du moins l'un des plus aimés du Berry.

IV. — ARCHIPRÊTRÉ D'ISSOUDUN.

Dans cette ancienne cité, surnommée jadis « territoire de Marie », le siècle précédent a vu s'élever trois monuments en son honneur.

Le premier est une simple chapelle qu'une pieuse chrétienne a fait bâtir, en mémoire de ses défunts, dans une crypte funéraire. Marie y est honorée sous le titre de Notre-Dame des Tombeaux.

Le second est le sanctuaire que les missionnaires du R. P. Chevalier ont construit et dont ils ont fait le centre de la dévotion à Notre-Dame du Sacré-Cœur. Ce sanctuaire, cette dévotion et cette Vierge ont connu toutes les gloires. Ce sanctuaire, d'abord simple chapelle, est devenu par la suite une vaste église qui a reçu, en 1864, les honneurs de la consécration et a été élevée, en 1874, au rang de basilique. Cette dévotion, primitivement confrérie paroissiale, n'a pas tardé à s'étendre dans tout le diocèse et au dehors ; en 1873, elle était érigée en archiconfrérie et voyait son siège transféré à Rome même, dans une ancienne église espagnole, consacrée à saint Jacques. La Vierge reçut la faveur du couronnement, le 8 septembre 1869, et vit, les années suivantes, des foules de pèlerins de France et de l'étranger lui décerner d'incomparables triomphes. Toutes ces gloires, hélas ! sont aujourd'hui obscurcies ; mais les épreuves des jours présents ne sauraient faire oublier le nom de Notre-Dame du Sacré-Cœur ni empêcher le diocèse de Bourges de se glorifier d'avoir été le berceau de sa dévotion et de son œuvre.

Le dernier monument a été érigé dans l'église paroissiale de Poulaines. Il s'agit de la restauration d'une antique statue de

Notre-Dame de Lorette et de la dédicace d'un nouvel autel en son honneur. Cette restauration et cette dédicace eurent lieu, en 1894, à l'occasion de la célébration du sixième centenaire de la translation de la sainte Maison de Lorette.

V. — ARCHIPRÊTRÉ DE LA CHATRE.

Quatre paroisses de cette région sont, comme par le passé, consacrées à Marie : La Berthenoux, Aigurandes, Gargilesse et Pouligny-Notre-Dame.

Les quatre grands pèlerinages de Notre-Dame de la Sainte-Trinité, de Notre-Dame de Pitié, de Notre-Dame de la Bouzanne et de Notre-Dame de Vaudouan, autrefois si célèbres et si florissants, subsistent encore avec leurs confréries, leurs jours de fêtes solennelles et leurs concours de pieux pèlerins. Tous, mais surtout les deux derniers, sont plus fréquentés que jamais.

A Cluis, la chapelle de Notre-Dame de la Sainte-Trinité, bâtie au quinzième siècle par les religieux franciscains, a été, ces dernières années, restaurée et embellie.

La vieille chapelle de Notre-Dame de Pitié, à Aigurandes, a été également l'objet de nombreuses et belles réparations. Au-dessus de la fontaine de la Bouzanne, se dresse aujourd'hui un calvaire monumental. On y voit trois grandes statues en bronze, représentant Notre-Seigneur en croix, entouré de Marie et de saint Jean. Ce calvaire a été érigé en 1895 ; et il est dû uniquement à la générosité des paroissiens.

Mais la plus belle restauration s'est faite à Vaudouan. Dès le commencement de son épiscopat à Bourges, Mgr de La Tour d'Auvergne avait semblé prendre cet antique sanctuaire de Marie en affection. Dès 1863, il vient y prêcher et profite de cette circonstance pour demander qu'il soit restauré. Il ouvre une souscription dans ce but et s'inscrit en tête. Deux ans après, en 1865, il revenait bénir solennellement la première pierre du nouvel édifice; et, l'année suivante, au mois de septembre, il avait la joie de le consacrer. Depuis ce temps, le pèlerinage de Vaudouan n'a cessé de prospérer et voit, tous les ans, des foules de pèlerins venir s'agenouiller aux pieds de sa Vierge miraculeuse.

VI. — ARCHIPRÊTRÉ DU BLANC.

Les paroisses de cet archiprêtré, dont Marie est restée la patronne, sont encore au nombre de trois : Tilly, qui l'honore simplement sous son titre de Bienheureuse ; Ingrandes et Lurais, qui sont dédiées, celle-ci, à sa Nativité, celle-là, à son Assomption.

Des antiques pèlerinages, pas un n'a disparu ; mais ils ont quelque peu perdu de leur ancienne vogue. Par contre, les deux monastères de Lonrey et de Méobecq n'existent plus.

Cependant, il s'est produit, ici et là, des innovations et des restaurations glorieuses pour Marie. Citons : l'érection d'une confrérie en l'honneur de Notre-Dame de Lorette faite, en 1883, dans l'église de Chalais ; puis, dans l'église de Roussines, le rétablissement du culte de la même Vierge de Lorette, « modèle « et protectrice des familles », suivi de la fondation d'une confrérie et de la dédicace d'une vieille statue ; et, à Fontgombault, la réouverture du monastère, en 1860, et la réédification complète de l'antique abbatiale, consacrée, comme par le passé, à Notre-Dame de Bien-Mourir.

VII. — ARCHIPRÊTRÉ DE CHATEAUROUX.

Cet archiprêtré occupe, dans l'ordre hiérarchique, le premier rang. Si nous l'avons gardé pour finir, c'est que, nulle part ailleurs, il ne s'est produit tant de fondations et de restaurations en l'honneur de Marie.

A Châteauroux même, l'historien du culte de Marie en France signalait « la chapelle de Notre-Dame du Bon-Conseil », fondée par les religieux de saint Liguori... Depuis, soit à Saint-André, soit dans les divers couvents, d'autres chapelles mariales ont été bâties. Une d'entre elles, il est vrai, a disparu : c'est l'ancienne chapelle des Capucins qui avait été transformée, dès 1804, en église paroissiale, sous le vocable de Notre-Dame. Mais elle a été remplacée par une église qui est un des plus beaux monuments que le Berry ait élevés à la gloire de Marie. Commencée au mois d'octobre 1877, elle fut livrée au culte, le 2 avril 1882. Le 12 septembre 1880, avait eu lieu l'inauguration de la statue d'or qui la domine; et c'est le 16 octobre 1895 qu'elle fut consacrée.

Aux portes de Châteauroux, deux autres noms nous rappellent de nouvelles gloires. C'est Touvent, où une gracieuse chapelle a été élevée par une noble et chrétienne famille à Notre-Dame des Victoires. On y voit une statue de cette Vierge en marbre blanc, qui reçut, le 24 octobre 1866, les honneurs du couronnement. Sur son diadème, on peut lire ces deux invocations qui livrent le secret du vœu qui l'a fait ériger et couronner : « Refuge « des pécheurs! Consolatrice des affligés ! » — Puis, c'est Déols, où la disparition de l'ancienne basilique n'a pu faire oublier le nom de Notre-Dame des Miracles. Pour raviver les souvenirs du passé et accroître la dévotion actuelle, le cardinal Boyer avait demandé et obtenu du Souverain Pontife que cette antique Vierge fût couronnée. La mort l'empêcha de faire lui-même ce couronnement. Il a eu lieu, trois ans après, le 24 mai 1899, sous son vénéré successeur, Mgr Servonnet.

Dans l'archiprêtré, nous retrouvons debout presque toutes les anciennes paroisses et les vieux pèlerinages; mais quelques-uns, comme nous l'avons vu ailleurs, ont subi des transformations importantes.

A Buzançais, l'ancienne confrérie de Notre-Dame du Verger, destinée spécialement à honorer la Conception immaculée de Marie, n'existe plus ; mais elle a été remplacée par une congrégation de vierges, dites Religieuses de l'Immaculée-Conception. Notre-Dame de Beauvais, dans les environs; puis, Notre-Dame de Chêne et Notre-Dame de Toiselay n'ont pas cessé d'être vénérées. Toutefois, celle qui a été le plus et le mieux glorifiée, en ces derniers temps, c'est Notre-Dame des Bancs ou, comme le peuple la nomme, la Bonne-Dame d'Argenton. Son pauvre et modeste sanctuaire d'autrefois a été refait, agrandi et décoré. Sa vieille statue, traînée la corde au cou en 1793, a été replacée sur un trône d'honneur; et, sur le haut de la nouvelle façade, une statue colossale de la Bonne-Dame, en cuivre doré, inaugurée le 2 juillet 1899, se dresse en étendant son bras protecteur sur Argenton et la vallée de la Creuse,

Deux œuvres nouvelles, enfin, sont venues couronner ces constructions et ces restaurations si glorieuses pour Marie.

La première est établie à Villedieu, depuis 1866. Sous le titre de Notre-Dame du Perpétuel-Secours, on y vénère une image miraculeuse de la Sainte Vierge en grande vénération à Rome. Fondée primitivement pour restaurer et agrandir l'église paroissiale, cette œuvre prit bientôt de grands accroissements et donna naissance à une confrérie florissante. En 1869, on inaugurait solennellement un tableau qui reproduisait l'image miraculeuse ; et, depuis ce temps, la chapelle où elle se trouve est devenue un lieu de pèlerinage, dont la solennité se célèbre le 24 du mois de mai.

La seconde se trouve à Pellevoisin. Son origine première remonte à une guérison opérée, en 1876, par la Très Sainte Vierge ; guérison qui aurait été accompagnée d'apparitions dans lesquelles Marie se proclamait toute miséricordieuse et révélait un nouveau scapulaire, dit du Sacré-Cœur de Jésus. A la suite du récit de ces faits et de ces révélations et sur la demande du curé de la paroisse, l'archevêque de Bourges érigeait canoniquement, en l'honneur de la Sainte Vierge, sous le titre de « Mère toute miséricordieuse » ou « Mère de Miséricorde », une confrérie dont il établit le siège dans l'église paroissiale de Pellevoisin. Dix-neuf ans plus tard, sur les instances du cardinal Boyer, le pape Léon XIII éleva cette confrérie à la dignité d'archiconfrérie, par un bref daté du 12 mars 1896 ; et, trois jours après, il lui accordait, pour chaque année, dix indulgences plénières. Depuis cette érection, le siège de l'archiconfrérie est un lieu de pèlerinage très fréquenté, dont la fête patronale se célèbre le premier mercredi de septembre.

Dans cette œuvre de Pellevoisin, seuls ont été approuvés le titre de « Mère de Miséricorde », l'archiconfrérie établie sous ce nom et le scapulaire blanc du Sacré-Cœur de Jésus. Quant aux faits qui les ont suscités, accompagnés, suivis : guérisons, apparitions et révélations, l'Église jusqu'ici n'a porté aucun jugement canonique. A tous les vrais fidèles d'imiter son prudent silence et sa sage réserve !

Après avoir énuméré tous ces documents, il faudrait, pour être complet, rappeler les œuvres nombreuses que le Berry a produites en l'honneur de Marie : tableaux, images, statues, autels, ouvrages de piété, cantiques et poésies ; il faudrait surtout parler des pèlerinages où, tous les ans, à la Salette et à Lourdes, ses enfants vont chanter les gloires de leur reine et lui demander ses grâces. Mais ce serait allonger démesurément ces pages. Aussi bien, les deux tableaux que nous venons de tracer ont-ils, croyons-nous, suffisamment rempli le dessein que nous nous étions proposé, de montrer que le Berry peut revendiquer avec raison l'honneur d'être, — et dans le présent et dans le passé, — une terre que Marie aime et qu'elle couvre de sa protection ; une terre qui aime Marie et qui l'entoure d'hommages et d'honneurs.

———

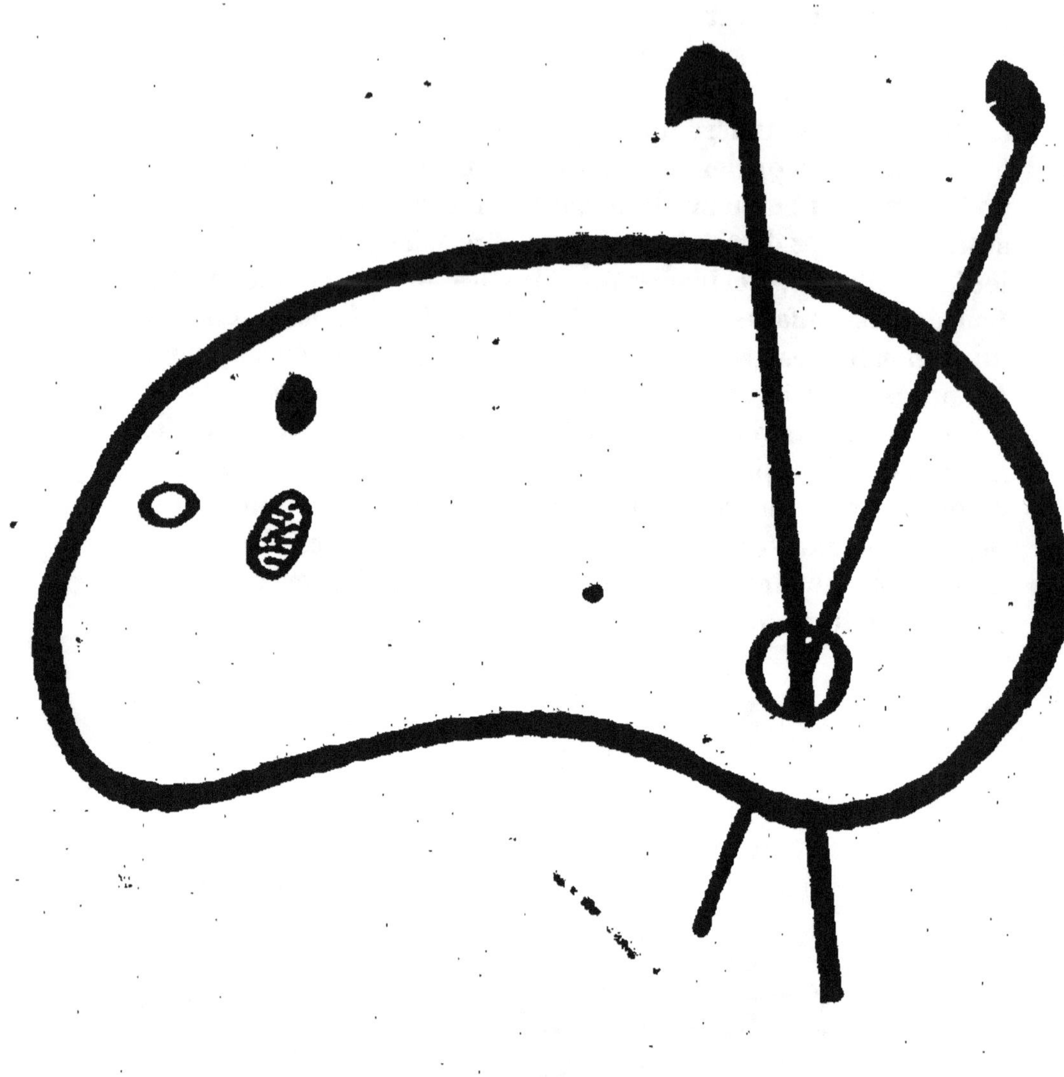

ORIGINAL EN COULEUR

NP Z 43-1204